中华人民共和国行业推荐性标准

公路工程基桩动测技术规程

JTG/T F81-01—2004

主编单位:浙江省交通厅工程质量监督站
批准部门:中华人民共和国交通部
实施日期:2004 年 11 月 01 日

人民交通出版社股份有限公司

图书在版编目(CIP)数据

公路工程基桩动测技术规程 ：JTG/T F81-01—2004 / 浙江省交通厅工程质量监督站主编. — 北京：人民交通出版社股份有限公司，2017. 8

ISBN 978-7-114-14068-6

Ⅰ. ①公… Ⅱ. ①浙… Ⅲ. ①道路工程—路基工程—桩基础—动力—应变测量—技术规范 Ⅳ. ①U416. 1-65

中国版本图书馆 CIP 数据核字(2017)第 191272 号

标准类型：中华人民共和国行业推荐性标准
标准名称：公路工程基桩动测技术规程
标准编号：JTG/T F81-01—2004
主编单位：浙江省交通厅工程质量监督站
出版发行：人民交通出版社股份有限公司
地　　址：(100011)北京市朝阳区安定门外外馆斜街 3 号
网　　址：http://www.ccpress.com.cn
销售电话：(010)59757973
总 经 销：人民交通出版社股份有限公司发行部
经　　销：各地新华书店
印　　刷：北京市密东印刷有限公司
开　　本：880×1230　1/16
印　　张：4
字　　数：83 千
版　　次：2017 年 8 月　第 1 版
印　　次：2017 年 8 月　第 1 次印刷
书　　号：ISBN 978-7-114-14068-6
定　　价：30. 00 元

中华人民共和国交通部

公　　告

第 23 号

关于发布《公路工程基桩动测技术规程》（JTG/T F81-01—2004）的公告

现发布公路工程行业推荐性标准《公路工程基桩动测技术规程》（JTG/T F81-01—2004），自 2004 年 11 月 1 日起施行，在公路工程行业内自愿采用。

《公路工程基桩动测技术规程》（JTG/T F81-01—2004）由浙江省交通厅工程质量监督站负责编制，日常解释和管理工作由浙江省交通厅工程质量监督站负责。

请各有关单位在实践中注意积累资料，总结经验，及时将发现的问题和修改意见函告浙江省交通厅工程质量监督站（地址：浙江省杭州市梅花碑 4 号，邮政编码：310009），以便修订时参考。

特此公告。

中华人民共和国交通部

二〇〇四年九月一日

前　　言

《公路工程基桩动测技术规程》是一本运用动力检测方法评定公路工程基桩完整性、承载力、试打桩及打桩应力监控的行业标准。根据交通部公路发〔2000〕722号文，本规程由浙江省交通厅工程质量监督站主编，上海交通大学建筑工程学院、浙江省地球物理技术应用研究所、广东省交通建设工程质量检测中心、长沙理工大学公路工程试验检测中心、上海市公路工程质量检测中心和福建省交通建设工程试验检测中心等七家单位共同编制。

本规程是针对我国公路工程基础桩的特点，在总结多年来动力检测技术工程实践经验和科技成果的基础上进行编制的。编制组自成立以来，开展了大量的调查研究工作，其中包括我国相关行业的现有桩基设计、施工及其检测规程、规范和基桩动测方法的技术资料，并对若干课题进行了专项科学技术研究。在广泛征求意见的基础上，召开了多次专家论证会，以充分考虑全国范围内不同地区公路工程基桩的使用情况，针对在不同地质条件下各类基桩的工程性质和常见问题进行调研，以保证本规程的条款在全国公路工程中具有广泛的适用性。

本规程供公路工程及从事公路工程基桩检测的各单位使用。在使用过程中，请将有关意见及时函告浙江省交通厅工程质量监督站（杭州市梅花碑4号，邮政编码：310009，电子信箱：caoh@ zjt. gov. cn），以便修订时参考。

主 编 单 位：浙江省交通厅工程质量监督站

参 编 单 位：上海交通大学建筑工程学院
浙江省地球物理技术应用研究所
广东省交通建设工程质量检测中心
长沙理工大学公路工程试验检测中心
上海市公路工程质量检测中心
福建省交通建设工程试验检测中心

主要起草人：曹　获　陈龙珠　赵竹占　陈彦平　张　宏　鲁　宏
卞钧霈　江立生　林柏章

目　次

1 总则

1.0.1 为加强公路工程基桩动力检测的管理，统一检测方法及技术规定，确保检测分析成果的质量，特制定本规程。

1.0.2 本规程适用于公路工程中的混凝土灌注桩和预制桩、钢桩及其他类型的刚性材料桩的检测。

1.0.3 基桩动力检测方法的选定与分析应综合考虑勘察、设计、施工等因素，做到技术先进，安全适用，经济合理，评价正确。

1.0.4 公路工程基桩动测除应符合本规程外，尚应符合国家及行业标准的有关规定。

1.0.5 检测单位应通过省级及其以上计量行政主管部门的计量认证，应具备行政主管部门颁发的专项检测资质证书。检测人员应经过培训考核，并持有相应检测方法的上岗证书。

2 术语和符号

2.1 术语

2.1.1 基桩动力检测 pile dynamic testing

通过对桩的应力波传播特性的测定和分析来评价桩的完整性,推算桩的承载力、桩侧和桩端岩土阻力及打桩应力的检测方法。

2.1.2 桩身完整性 pile integrity

反映桩身长度和截面尺寸、桩身材料密实性和连续性的综合状况。

2.1.3 桩身缺陷 pile defects

指桩身断裂、裂缝、缩颈、夹泥、离析、蜂窝、松散等现象。

2.1.4 低应变反射波法 low strain reflected wave method

在桩顶施加低能量冲击荷载,实测加速度(或速度)响应时程曲线,运用一维线性波动理论的时域和频域分析,对被检桩的完整性进行评判的检测方法。

2.1.5 高应变动测法 high strain dynamic method

在桩顶施加高能量冲击荷载,实测力和速度信号,运用波动理论反演来推算被检桩的完整性、轴向抗压极限承载力或选择桩型和桩长、监控桩锤工作效率和打入桩桩身承受的最大锤击应力。

2.1.6 超声波法 ultrasonic logging method

根据超声波透射或折射原理,在桩身混凝土内发射并接收超声波,通过实测超声波在混凝土介质中传播的历时、波幅和频率等参数的相对变化来判定桩身完整性的检测方法。

2.2 符号

A——桩身截面面积;

A_D——波幅临界值;

A_i——第 i 个测点相对波幅值;

A_m——波幅平均值；

c——桩身纵波传播速度(简称桩身波速)；

c_i——第 i 根桩的桩身波速计算值；

c_m——桩身波速平均值；

d——声测管内径；

d'——径向换能器外径；

D——声测管外径、桩身直径；

E——桩身材料弹性模量；

E_n——桩锤传递给桩的实际能量；

Δf——幅频曲线上桩端相邻谐振峰间的频差；

Δf_x——幅频曲线上对应于缺陷的相邻谐振峰间的频差；

F——桩顶锤击力信号；

$F(t_1)$——t_1 时刻的锤击力；

F_{max}——实测最大锤击力；

h——两个接收换能器间的距离；

J_c——凯司法阻尼系数；

l——两根声测管外壁间的距离；

L——完整桩桩长、测点以下桩长；

n——基桩数量、测点数；

Q_{uc}——单桩轴向抗压极限承载力；

ΔR——缺陷以上部位土阻力的估计值；

t——声时值；

t_0——声波检测系统延迟时间；

t_1——速度信号第一峰对应的时刻、近道接收换能器首波值；

t_2——远道接收换能器首波值；

t_a、t_b——计算桩身裂隙宽度所用的时间；

t_i——超声波第 i 个测点声时值；

t_x——缺陷反射峰对应的时刻；

t'——声时修正值；

Δt——两接收换能器之间的声时差；

Δt_x——时域信号第一峰与缺陷反射波峰间的时间差；

T——采样结束的时刻；

ΔT——时域信号第一峰与桩端反射波峰间的时间差；

v_D——声速临界值；

v_i——第 i 测点声速值；

v_L——声速低限值;

v_t——声测管壁厚度方向声速值;

v_w——水的声速值;

v_m——混凝土声速平均值;

$\overline{v}$——正常混凝土声速平均值;

V——桩顶实测振动速度信号;

$V(t_1)$——t_1 时刻的振动速度;

x——测点至桩身缺陷之间的距离、测点至计算点之间的距离;

z_i——第 i 个测点的深度;

Z——桩身截面力学阻抗;

ρ——桩身材料质量密度;

β——桩身完整性系数;

σ_p——桩身最大锤击压应力;

σ_t——桩身最大锤击拉应力;

σ_v——正常混凝土声速标准差;

δ_w——桩身水平裂缝宽度。

3 基本规定

3.1 检测方法及选定原则

3.1.1 本规程所涉及的检测方法包括低应变反射波法、高应变动测法、超声波法(包括透射法和折射法)。检测方法应根据工程的需要和检测的目的按表3.1.1规定的检测内容确定。

表3.1.1 检测方法一览表

检测方法		检测内容
低应变反射波法		检测桩身缺陷位置及影响程度,判定桩身完整性类别
高应变动测法		分析桩侧和桩端土阻力,推算单桩轴向抗压极限承载力;检测桩身缺陷位置、类型及影响程度,判定桩身完整性类别;试打桩及打桩应力监测
超声波法	透射法	检测灌注桩中声测管之间混凝土的缺陷位置及影响程度,判定桩身完整性类别
	折射法	检测灌注桩钻芯孔周围混凝土的缺陷位置及影响程度

3.1.2 为保证检测结论的可靠性,可根据不同被检对象和检测要求,选用多种测试方法进行综合分析判断。

3.1.3 桩的检测数量应符合下列规定:

1 公路工程基桩应进行100%的完整性检测,各种方法的选定应具有代表性和满足工程检测的特定要求;

2 重要工程的钻孔灌注桩应埋设声测管,检测的桩数不应少于50%;

3 高应变动测法的抽检率可由工程设计或监理单位酌情决定,但不宜少于相近条件下总桩数的5%且不少于5根。

3.2 检测仪器与设备

3.2.1 基桩检测所用仪器设备的主要技术性能和工作环境条件应符合《基桩动测仪》JG/T 3055中的规定,并具有良好的波形现场显示、记录和贮存功能。

3.2.2 检测仪器设备必须由法定计量单位定期进行标定和年检,合格后方能使用。

3.2.3 所有仪器设备在检测前后必须进行自检,确认仪器工作正常。

3.3 检测前的准备

3.3.1 被检工程应进行现场调查,搜集其工程地质资料、基桩设计图纸和施工记录、监理日志等,了解施工工艺及施工过程中出现的异常情况。

3.3.2 检测方法和制定检测方案应根据调查结果和检测目的合理选用。

3.3.3 检测时间应满足拟用检测方法对混凝土强度(或龄期)和地基土休止期的规定。

3.4 检测报告及桩身完整性类别评定

3.4.1 检测报告应用词规范,结论明确。其内容应包括工程概况、岩土工程勘察、检测技术及方法、桩位平面布置图、测试曲线、检测结果汇总表、结论及评价等。

3.4.2 检测报告格式应符合本规程附录 A 的规定。

3.4.3 桩身完整性类别应按表 3.4.3 划分。

表 3.4.3 桩身完整性类别划分

桩身完整性类别	特 征
Ⅰ类桩	桩身完整,可正常使用
Ⅱ类桩	桩身基本完整,有轻度缺陷,不影响正常使用
Ⅲ类桩	桩身有明显缺陷,对桩身结构承载力有影响
Ⅳ类桩	桩身有严重缺陷,对桩身结构承载力有严重影响

4 低应变反射波法

4.1 适用范围

4.1.1 本方法是通过分析实测桩顶速度响应信号的特征来检测桩身的完整性，判定桩身缺陷位置及影响程度，判断桩端嵌固情况。

4.1.2 本方法适用于混凝土灌注桩和预制桩等刚性材料桩的桩身完整性检测。

4.1.3 使用本方法时，被检桩的桩端反射信号应能有效识别。

4.2 检测仪器与设备

4.2.1 检测系统包括信号采集及处理仪、传感器、激振设备和专用附件。

4.2.2 信号采集及处理仪应符合下列规定：

1 数据采集装置的模-数转换器不得低于 12bit。

2 采样间隔宜为 10 ~ 500μs，可调。

3 单通道采样点不少于 1024 点。

4 放大器增益宜大于 60dB，可调，线性度良好，其频响范围应满足 5Hz ~ 5kHz。

4.2.3 传感器的性能应符合下列规定：

1 传感器宜选用压电式加速度传感器或磁电式速度传感器，频响曲线的有效范围应覆盖整个测试信号的频带范围。

2 加速度传感器的电压灵敏度应大于 100mV/g，电荷灵敏度应大于 20PC/g，上限频率不应小于 5kHz，安装谐振频率不应小于 6kHz，量程应大于 100g。

3 速度传感器的固有谐振频率不应大于 30Hz，灵敏度应大于 200mV/cm · s^{-1}，上限频率不应小于 1.5kHz，安装谐振频率不应小于 1.5kHz。

4.2.4 根据桩型和检测目的，宜选择不同材质和质量的力锤或力棒，以获得所需的激振频率和能量。

4.3 现场检测技术

4.3.1 检测前准备工作应符合下列规定:

1 检测前应按本规程第3.3.1条的规定搜集有关技术资料。

2 根据现场实际情况选择合适的激振设备、传感器及检测仪,检查测试系统各部分之间是否连接良好,确认整个测试系统处于正常工作状态。

3 桩顶应凿至新鲜混凝土面,并用打磨机将测点和激振点磨平。

4 应测量并记录桩顶截面尺寸。

5 混凝土灌注桩的检测宜在成桩14d以后进行。

6 打入或静压式预制桩的检测应在相邻桩打完后进行。

4.3.2 传感器安装应符合下列规定:

1 传感器的安装可采用石膏、黄油、橡皮泥等耦合剂,粘结应牢固,并与桩顶面垂直。

2 对混凝土灌注桩,传感器宜安装在距桩中心1/2~2/3半径处,且距离桩的主筋不宜小于50mm。当桩径不大于1000mm时不宜少于2个测点;当桩径大于1000mm时不宜少于4个测点。

3 对混凝土预制桩,当边长不大于600mm时不宜少于2个测点;当边长大于600mm时不宜少于3个测点。

4 对预应力混凝土管桩不应少于2个测点。

4.3.3 激振时应符合下列规定:

1 混凝土灌注桩、混凝土预制桩的激振点宜在桩顶中心部位;预应力混凝土管桩的激振点和传感器安装点与桩中心连线的夹角不应小于45°。

2 激振锤和激振参数宜通过现场对比试验选定。短桩或浅部缺陷桩的检测宜采用轻锤短脉冲激振;长桩、大直径桩或深部缺陷桩的检测宜采用重锤宽脉冲激振,也可采用不同的锤垫来调整激振脉冲宽度。

3 采用力棒激振时,应自由下落;采用力锤敲击时,应使其作用力方向与桩顶面垂直。

4.3.4 检测工作应遵守下列规定:

1 采样频率和最小的采样长度应根据桩长和波形分析确定。

2 各测点的重复检测次数不应少于3次,且检测波形具有良好的一致性。

3 当干扰较大时,可采用信号增强技术进行重复激振,提高信噪比;当信号一致性差时,应分析原因,排除人为和检测仪器等干扰因素,重新检测。

4 对存在缺陷的桩应改变检测条件重复检测,相互验证。

4.4 检测数据分析与判定

4.4.1 桩身完整性分析宜以时域曲线为主，辅以频域分析，并结合施工情况、岩土工程勘察资料和波型特征等因素进行综合分析判定。

4.4.2 桩身波速平均值的确定：

1 当桩长已知、桩端反射信号明显时，选取相同条件下不少于5根I类桩的桩身波速按下式计算其平均值：

$$c_m = \frac{1}{n}\sum_{i=1}^{n} c_i \tag{4.4.2-1}$$

$$c_i = \frac{2L \times 1000}{\Delta T} = 2L \cdot \Delta f \tag{4.4.2-2}$$

式中 c_m——桩身波速平均值(m/s)；

c_i——第 i 根桩的桩身波速计算值(m/s)；

L——完整桩桩长(m)；

ΔT——时域信号第一峰与桩端反射波峰间的时间差(ms)；

Δf——幅频曲线桩端相邻谐振峰间的频差(Hz)，计算时不宜取第一与第二峰；

n——基桩数量($n \geqslant 5$)。

2 当桩身波速平均值无法按上款确定时，可根据本地区相同桩型及施工工艺的其他桩基工程的测试结果，并结合桩身混凝土强度等级与实践经验综合确定。

4.4.3 桩身缺陷位置应按下列公式计算：

$$x = \frac{1}{2000} \cdot \Delta t_x \cdot c = \frac{1}{2} \cdot \frac{c}{\Delta f_x} \tag{4.4.3}$$

式中 x——测点至桩身缺陷之间的距离(m)；

Δt_x——时域信号第一峰与缺陷反射波峰间的时间差(ms)；

Δf_x——幅频曲线所对应缺陷的相邻谐振峰间的频差(Hz)；

c——桩身波速(m/s)，无法确定时用 c_m 值替代。

4.4.4 混凝土灌注桩采用时域信号分析时，应结合有关施工和岩土工程勘察资料，正确区分由扩径处产生的二次同相反射与因桩身截面渐扩后急速恢复至原桩径处的一次同相反射，以避免对桩身完整性的误判。

4.4.5 对于嵌岩桩，当桩端反射信号为单一反射波且与锤击脉冲信号同相时，应结合岩土工程勘察和设计等有关资料以及桩端同相反射波幅的相对高低来推断嵌岩质量，必要时采取其他合适方法进行核验。

4.4.6 桩身完整性的分析当出现下列情况之一时,宜结合其他检测方法:

1 超过有效检测长度范围的超长桩,其测试信号不能明确反映桩身下部和桩端情况。

2 桩身截面渐变或多变,且变化幅度较大的混凝土灌注桩。

3 当桩长的推算值与实际桩长明显不符,且又缺乏相关资料加以解释或验证。

4 实测信号复杂、无规律,无法对其进行准确的桩身完整性分析和评价。

5 对于预制桩,时域曲线在接头处有明显反射,但又难以判定是断裂错位还是接桩不良。

4.4.7 桩身完整性类别应按下列原则判定:

1 I类桩:桩端反射较明显,无缺陷反射波,振幅谱线分布正常,混凝土波速处于正常范围。

2 II类桩:桩端反射较明显,但有局部缺陷所产生的反射信号,混凝土波速处于正常范围。

3 III类桩:桩端反射不明显,可见缺陷二次反射波信号,或有桩端反射但波速明显偏低。

4 IV类桩:无桩端反射信号,可见因缺陷引起的多次强反射信号,或按平均波速计算的桩长明显短于设计桩长。

4.4.8 检测报告应符合本规程附录A的规定,并应包括下列内容:

1 桩身混凝土波速值。

2 桩身完整性描述,包括缺陷位置、性质及类别。

3 时域曲线图,并注明桩底反射位置。

4 桩位编号及平面布置示意图,地质柱状图。

5 高应变动测法

5.1 适用范围

5.1.1 本方法适用于检测混凝土灌注桩、预制桩和钢桩的单桩轴向抗压极限承载力和桩身完整性；监测混凝土预制桩和钢桩打入时桩身应力和锤击能量传递比，为选择沉桩工艺参数及桩长选择提供依据。

5.1.2 进行单桩的轴向抗压极限承载力检测应具有相同条件下的动-静试验对比资料和现场工程实践经验。

5.1.3 超长桩、大直径扩底桩和嵌岩桩不宜采用本方法进行单桩的轴向抗压极限承载力检测。

5.2 检测仪器与设备

5.2.1 检测系统包括信号采集及分析仪、传感器、激振设备和贯入度测量仪等。

5.2.2 信号采集器和传感器的性能应符合下列规定：

1 信号采样点数不应少于 1024 点，采样间隔宜取 100～200μs。当用曲线拟合法推算被检桩的极限承载力时，信号记录长度应确保桩端反射后不小于 20ms 或达到 $5L/c$。

2 信号采集器的采样频率应可调，其模-数转换精度不应低于 12bit，通道之间的相位差不应大于 50μs；

3 力信号宜采用工具式应变传感器测量，其安装谐振频率应大于 2kHz，在 1000με 范围内的非线性误差不应大于 ±1%；

4 速度信号宜采用压电式加速度传感器测量，其安装谐振频率应大于 10kHz，且在 1～3000Hz 范围内灵敏度变化不大于 ±5%，在冲击加速度量程范围内非线性误差不大于 ±5%。

5 传感器的灵敏度系数应计量检定。

5.2.3 激振宜采用由铸铁或铸钢整体制作的自由落锤。锤体应材质均匀、形状对称、底面平整，高径比不得小于 1。

5.2.4 检测单桩轴向抗压承载力时,激振锤的重量不得小于基桩极限承载力的1.2%。

5.2.5 桩的贯入度应采用精密仪器测定。

5.3 现场检测技术

5.3.1 检测混凝土预制桩和钢桩的极限承载力的最短休止期应满足下列条件:

砂土7d,粉土10d,非饱和粘性土15d,饱和粘性土25d。

5.3.2 检测混凝土灌注桩的极限承载力时,其桩身混凝土强度等级应达到设计要求,且应满足第5.3.1条规定的最短休止期。

5.3.3 检测前的桩头处理应符合下列规定:

1 桩顶面应平整,桩头高度应满足安装锤击装置和传感器的要求,锤重心应与桩顶对中。

2 加固处理桩头时应满足下列要求:

1)新接桩头顶面应平整且垂直于被检桩轴线,侧面应平直,截面积应与被检桩相同,所用混凝土的强度应高于被检桩的强度;

2)被检桩主筋应全部接至新接桩头内,并设置间距不大于150mm的箍筋及上下间距不应大于120mm的2~3层钢筋网片。

5.3.4 检测时在桩顶面应铺设锤垫。锤垫宜由10~30mm厚的木板或胶合板等匀质材料制作,垫面略大于桩顶面积。

5.3.5 传感器的安装应符合下列规定:

1 桩顶下两侧面应对称安装加速度传感器和应变传感器各1只,其与桩顶的距离不应小于1.5倍的桩径或边长。传感器安装面应平整,所在截面的材质和尺寸与被检桩相同。

2 应变传感器与加速度传感器的中心应位于同一水平线上,同侧两种传感器间的水平距离不宜大于100mm。传感器的中轴线应与桩的轴线保持平行。

3 在安装应变式传感器时,应对初始应变进行监测,其值不得超过规定的限值。

5.3.6 被检桩基本参数的设定应符合下列规定:

1 测点以下桩长和截面积可根据设计文件或施工记录提供的数据设定。

2 桩身材料质量密度宜按表5.3.6取值。

表 5.3.6 桩材质量密度 ρ（kg/m³）

混凝土灌注桩	混凝土预制桩	预应力混凝土管桩	钢 桩
2400	2450～2500	2550～2600	7850

3 桩身平均波速可结合本地经验或按同场地同类型已检桩的平均波速初步设定，现场检测完成后应按本规程第 5.4.1 条第 2 款予以调整。

4 传感器安装位置处的桩身截面面积应按实际直径或边长计算确定，波速的设定宜综合考虑材料的设计强度和龄期的影响。

5 桩身材料的弹性模量应按下式计算：

$$E = \rho \cdot c^2 \tag{5.3.6}$$

式中 E——桩身材料弹性模量（Pa）；

c——桩身波速（m/s）；

ρ——桩身材料质量密度（kg/m³）。

5.3.7 激振应符合下列要求：

1 采用自由落锤为激振设备时，宜重锤低击，锤的最大落距不宜大于 2.0m。

2 对于斜桩，应采用相应的打桩机械或类似装置沿桩轴线激振。

3 实测桩的单击贯入度应确认与所采集的振动信号相对应。用于推算桩的极限承载力时，桩的单击贯入度不得低于 2mm 且不宜大于 6mm。

4 检测桩的极限承载力时，锤击次数宜为 2～3 击。

5.3.8 检测桩身完整性和承载力时，应及时分析实测信号质量、桩顶最大锤击力和动位移、贯入度以及桩身最大拉（压）应力、桩身缺陷程度及其发展情况等，并由此综合判定本次采集信号的有效性。每根被检桩的有效信号数不应少于 2 组。

5.3.9 出现下列情况之一时，采集的信号不得作为有效信号：

1 传感器安装处混凝土开裂或出现严重的塑性变形，使力信号最终未归零。

2 信号采集后发现传感器已有松动或损坏现象。

3 锤击严重偏心，一侧力信号呈现严重的受拉特征。

5.3.10 试打桩用于评价其承载力时，应按桩端进入的土层逐一进行测试；当持力层较厚时，应在同一土层中进行多次测试。

5.3.11 桩身锤击应力监测应包括桩身最大锤击拉应力和最大锤击压应力两部分。桩身锤击拉应力宜在预计桩端进入软土层或桩端穿过硬土层进入软夹层时测试；桩身锤击压应力宜在桩端进入硬土层或桩侧土阻力较大时测试。

5.4 检测数据分析与判定

5.4.1 锤击信号选取与调整应符合下列规定:

1 分析被检桩的承载力时,宜在第一和第二击实测有效信号中选取能量和贯入度较大者。

2 桩身波速平均值可根据已知桩长、力和速度信号上的桩端反射波时间或下行波上升沿的起点到上行波下降沿的起点之间的时差确定。

3 传感器安装位置处原设定波速可不随调整后的桩身平均波速而改变。确有合理原因需作调整时,应对传感器安装处桩身的弹性模量按式(5.3.6)重新设置,且应对原实测力信号进行修正。

4 力和振动速度信号的上升沿重合性差时,应分析原因,不得随意调整。

5.4.2 推算被检桩的极限承载力前,应结合工程地质条件和设计参数,利用实测信号特征对桩的荷载传递性状、桩身缺陷程度和位置及连续锤击时缺陷的逐渐扩大或闭合情况进行定性判别。

5.4.3 采用实测曲线拟合法推算被检桩的极限承载力应符合下列规定:

1 采用的桩和土的力学模型应能分别反映被检桩和地基土的物理力学性状;在各计算单元中,所用土的弹性极限位移不应超过相应桩单元的最大计算位移。

2 曲线拟合时间段长度在 $t_1 + 2L/c$ 后的延续时间不应小于 20ms 或 $3L/c$ 中的较大值。

3 分析所用的模型参数应在岩土工程的合理范围内,可根据工程地质和施工工艺条件进行桩身阻抗变化或裂隙拟合。

4 拟合曲线应与实测曲线基本吻合,贯入度的计算值应与实测值基本一致,且整体曲线的拟合质量系数宜控制在合适的范围之内。

5.4.4 采用凯司法推算单桩的极限承载力时,应符合下列规定:

1 只适用于桩侧和桩端土阻力均已充分发挥的摩擦型桩。

2 用于混凝土灌注桩时,桩身材质、截面应基本均匀。

3 单桩轴向抗压极限承载力可按下列公式计算:

$$Q_{uc} = \frac{1}{2}\left\{(1 - J_c)\cdot[F(t_1) + Z\cdot V(t_1)] + (1 + J_c)\cdot\left[F\left(t_1 + \frac{2L}{c}\right) - Z\cdot V\left(t_1 + \frac{2L}{c}\right)\right]\right\} \tag{5.4.4-1}$$

$$Z = \frac{EA}{c} \tag{5.4.4-2}$$

式中 Q_{uc}——单桩轴向抗压极限承载力(kN);

J_c——凯司法阻尼系数；

t_1——速度信号第一峰对应的时刻(ms)；

$F(t_1)$——t_1 时刻的锤击力(kN)；

$V(t_1)$——t_1 时刻的振动速度(m/s)；

Z——桩身截面力学阻抗(kN·s/m)；

E——桩身材料弹性模量(kPa)；

A——桩身截面面积(m^2)；

c——桩身波速(m/s)；

L——测点以下桩长(m)。

4 J_c 应根据基本相同条件下桩的动-静载对比试验结果确定，或由不少于 50% 被检桩的曲线拟合结果推算，但当其极差相对于平均值大于 30% 时不得使用。

5.4.5 对于等截面桩，测点下第一个缺陷可根据桩身完整性系数 β 值按表 5.4.5 判定，其位置 x 按下式计算：

$$x = \frac{c \cdot (t_x - t_1)}{2000} \tag{5.4.5}$$

式中 x——测点至桩身缺陷之间的距离(m)；

t_1——速度信号第一峰对应的时刻(ms)；

t_x——缺陷反射峰对应的时刻(ms)。

表 5.4.5 桩身完整性判定

类 别	β 值	类 别	β 值
I	$0.95 < \beta \leqslant 1.0$	III	$0.6 \leqslant \beta < 0.8$
II	$0.8 \leqslant \beta \leqslant 0.95$	IV	$\beta < 0.6$

5.4.6 出现下列情况之一时，应按工程地质和施工工艺条件，采用实测曲线拟合法或其他检测方法综合判定桩身完整性：

1 桩身有扩径、截面渐变或多变的混凝土灌注桩。

2 桩身存在多处缺陷的桩。

3 力和速度曲线在上升沿或峰值附近出现异常，桩身浅部存在缺陷或波阻抗变化复杂的桩。

5.4.7 试打桩分析时，桩端持力层的判定应综合考虑岩土工程勘察资料，并应对推算的单桩极限承载力进行复打校核。

5.4.8 桩身最大锤击拉应力和桩身最大锤击压应力可分别按下列公式计算：

1 桩身最大锤击拉应力

$$\sigma_t = \frac{1}{2A}\max\left\{Z \cdot V\left(t_1 + \frac{2L}{c}\right) - F\left(t_1 + \frac{2L}{c}\right) - Z \cdot V\left(t_1 + \frac{2L-2x}{c}\right) - F\left(t_1 + \frac{2L-2x}{c}\right)\right\} \tag{5.4.8-1}$$

式中 σ_t——桩身最大锤击拉应力(kPa);

x——测点至计算点之间的距离(m);

A——桩身截面面积(m^2);

Z——桩身截面力学阻抗(kN·s/m);

c——桩身波速(m/s);

L——完整桩桩长(m)。

2 桩身最大锤击压应力

$$\sigma_p = \frac{F_{max}}{A} \tag{5.4.8-2}$$

式中 σ_p——桩身最大锤击压应力(kPa);

F_{max}——实测最大锤击力(kN);

A——桩身截面面积(m^2)。

5.4.9 桩锤实际传递给桩的能量可按下列公式计算:

$$E_n = \int_0^T FV\mathrm{d}t \tag{5.4.9}$$

式中 E_n——桩锤传递给桩的实际能量(J);

T——采样结束的时刻(s);

F——桩顶锤击力信号(N);

V——桩顶实测振动速度信号(m/s)。

5.4.10 检测报告格式应符合本规程附录 A 的规定,并应包括下列内容:

1 实测力和速度信号曲线及由加速度信号经两次积分后得到的桩顶位移信号曲线;拟合曲线、模拟的静荷载-沉降曲线、土阻力和桩身阻抗沿深度的变化曲线;

2 凯司法中所取定的 J_c 值;

3 试打桩和打桩监控所采用的桩锤和锤垫类型,监测得到的锤击数、桩侧和桩端阻力、桩身锤击拉(压)应力、能量传递比等随入土深度的变化关系。

4 试桩附近的地质柱状图及土的物理力学性能指标。

6 超声波法

6.1 适用范围

6.1.1 本方法适用于直径不小于800mm的混凝土灌注桩的完整性检测，它包括跨孔透射法和单孔折射法。

6.2 检测仪器与设备

6.2.1 检测仪系统应包括信号放大器、数据采集及处理存储器、径向振动换能器等。

6.2.2 检测仪应具有一发双收功能。

6.2.3 声波发射应采用高压阶跃脉冲或矩形脉冲，其电压最大值不应小于1000V，且分档可调。

6.2.4 接收放大与数据采集器应符合下列规定：

1 接收放大器的频带宽度为5~200kHz，增益不应小于100dB，放大器的噪声有效值不大于2μV；波幅测量范围不小于80dB，测量误差小于1dB。

2 计时显示范围应大于2000μs，精度优于0.5μs，计时误差不应大于2%。

3 采集器模-数转换精度不应低于8bit，采样频率不应小于10MHz，最大采样长度不应小于32kB 。

6.2.5 径向振动换能器应符合下列规定：

1 径向水平面无指向性。

2 谐振频率宜大于25kHz。

3 在1MPa水压下能正常工作。

4 收、发换能器的导线均应有长度标注，其标注允许偏差不应大于10mm。

5 接收换能器宜带有前置放大器，频带宽度宜为5~60kHz。

6 单孔检测采用一发双收一体型换能器，其发射换能器至接收换能器的最近距离不应小于30cm，两接收换能器的间距宜为20cm。

6.3 现场检测技术

6.3.1 声测管的埋设应符合下列规定:

1 当桩径不大于1500mm时,应埋设三根管;当桩径大于1500mm时,应埋设四根管。

2 声测管宜采用金属管,其内径应比换能器外径大15mm,管的连接宜采用螺纹连接,且不漏水。

3 声测管应牢固焊接或绑扎在钢筋笼的内侧,且互相平行、定位准确,并埋设至桩底,管口宜高出桩顶面300mm以上。

4 声测管管底应封闭,管口应加盖。

5 声测管的布置以路线前进方向的顶点为起始点,按顺时针旋转方向进行编号和分组,每两根编为一组。

6.3.2 检测前的准备应符合下列规定:

1 被检桩的混凝土龄期应大于14d。

2 声测管内应灌满清水,且保证畅通。

3 标定超声波检测仪发射至接收的系统延迟时间 t_0。

4 准确量测声测管的内、外径和两相邻声测管外壁间的距离,量测精度为 ± 1mm。

5 取芯孔的垂直度误差不应大于0.5%,检测前应进行孔内清洗。

6.3.3 检测方法应符合下列要求:

1 测点间距不宜大于250mm。发射与接收换能器应以相同标高同步升降,其累计相对高差不应大于20mm,并随时校正。

2 在对同一根桩的检测过程中,声波发射电压应保持不变。

3 对于声时值和波幅值出现异常的部位,应采用水平加密、等差同步或扇形扫测等方法进行细测,结合波形分析确定桩身混凝土缺陷的位置及其严重程度。

6.4 检测数据分析与判定

6.4.1 声时修正值可按下式计算:

$$t' = \frac{D - d}{v_t} + \frac{d - d'}{v_w} \tag{6.4.1}$$

式中 t'——声时修正值(μs),(t 为声波在混凝土中的传播时间,简称声时);

D——声测管外径(mm);

d——声测管内径(mm);

d'——换能器外径(mm);

v_t——声测管壁厚度方向声速值(km/s);

v_w——水的声速值(km/s)。

6.4.2 声时、声速和声速平均值应按下列公式计算,并绘制声速-深度曲线、波幅-深度曲线。

$$t = t_i - t_0 - t' \tag{6.4.2-1}$$

$$v_i = \frac{l}{t} \tag{6.4.2-2}$$

$$v_m = \sum_{i=1}^{n} \frac{v_i}{n} \tag{6.4.2-3}$$

式中 t——声时值(μs);

t_i——超声波第 i 测点声时值(μs);

t_0——声波检测系统延迟时间(μs);

t'——声时修正值(μs);

v_i——第 i 个测点声速值(km/s);

l——两根检测管外壁间的距离(mm);

v_m——混凝土声速平均值(km/s);

n——测点数。

6.4.3 单孔折射法的声时、声速值应按下列公式计算:

$$\Delta t = t_2 - t_1 \tag{6.4.3-1}$$

$$v_i = \frac{h}{\Delta t} \tag{6.4.3-2}$$

式中 Δt——两个接收换能器间的声时差(μs);

t_1——近道接收换能器声时(μs);

t_2——远道接收换能器声时(μs);

v_i——第 i 测点的声速值(km/s);

h——两个接收换能器间的距离(mm)。

6.4.4 桩身混凝土缺陷应根据下列方法综合判定:

1 声速判据

当实测混凝土声速值低于声速临界值时应将其作为可疑缺陷区。

$$v_i < v_D \tag{6.4.4-1}$$

式中 v_i——第 i 个测点声速值(km/s);

v_D——声速临界值(km/s)。

声速临界值采用正常混凝土声速平均值与 2 倍声速标准差之差,即:

$$v_D = \overline{v} - 2\sigma_v \tag{6.4.4-2}$$

$$\overline{v} = \sum_{i=1}^{n} \frac{v_i}{n} \quad (6.4.4\text{-}3)$$

$$\sigma_v = \sqrt{\sum_{i=1}^{n} \frac{(v_i - \overline{v})^2}{n-1}} \quad (6.4.4\text{-}4)$$

式中 $\overline{v}$——正常混凝土声速平均值(km/s);

σ_v——正常混凝土声速标准差;

v_i——第 i 个测点声速值(km/s);

n——测点数。

当检测剖面 n 个测点的声速值普遍偏低且离散性很小时,宜采用声速低限值判据。即实测混凝土声速值低于声速低限值时,可直接判定为异常。

$$v_i < v_L \quad (6.4.4\text{-}5)$$

式中 v_i——第 i 个测点声速值(km/s);

v_L——声速低限值(km/s)。

声速低限值应由预留同条件混凝土试件的抗压强度与声速对比试验结果,结合本地区实际经验确定。

2 波幅判据

用波幅平均值减 6dB 作为波幅临界值,当实测波幅低于波幅临界值时,应将其作为可疑缺陷区。

$$A_D = A_m - 6 \quad (6.4.4\text{-}6)$$

$$A_m = \sum_{i=1}^{n} \frac{A_i}{n} \quad (6.4.4\text{-}7)$$

式中 A_D——波幅临界值(dB);

A_m——波幅平均值(dB);

A_i——第 i 个测点相对波幅值(dB);

n——测点数。

3 PSD 判据

采用斜率法作为辅助异常判据,当 PSD 值在某测点附近变化明显时,应将其作为可疑缺陷区。

$$PSD = \frac{(t_i - t_{i-1})^2}{z_i - z_{i-1}} \quad (6.4.4\text{-}8)$$

式中 t_i——第 i 个测点声时值(μs);

t_{i-1}——第 $i-1$ 个测点声时值(μs);

z_i——第 i 个测点深度(m);

z_{i-1}——第 $i-1$ 个测点深度(m)。

6.4.5 对于混凝土声速和波幅值出现异常并判为可疑缺陷区的部位,应按本规程

6.3.3条第3款的要求,确定桩身混凝土缺陷的位置及影响程度。

6.4.6 对支承桩或嵌岩桩,宜同时采用低应变反射波法检测桩段的支承情况。

6.4.7 桩身完整性类别判定:

1 I类桩:各声测剖面每个测点的声速、波幅均大于临界值,波形正常。

2 II类桩:某一声测剖面个别测点的声速、波幅略小于临界值,但波形基本正常。

3 III类桩:某一声测剖面连续多个测点或某一深度桩截面处的声速、波幅值小于临界值,PSD值变大,波形畸变。

4 IV类桩:某一声测剖面连续多个测点或某一深度桩截面处的声速、波幅值明显小于临界值,PSD值突变,波形严重畸变。

6.4.8 检测报告应符合本规程附录A的规定。并应包括每根被检桩各剖面的声速-深度、波幅-深度曲线及各自的临界值,声速、波幅的平均值,桩身缺陷位置及程度的分析说明。

附录 A　报告格式

A.0.1　报告封面格式

公路工程基桩动测报告

编号：　　　　　　共　页

工程名称：

委托单位：

检测方法：

检测地点：

检测日期：　　　　　　年　　月　　日至　　年　　月　　日

检测单位：　　　　　　（盖章）

年　　月　　日

A.0.2　报告封二格式

项目负责人：

主要检测人：

报告编写人：

报告审核人：

报告签发人：

检测单位地址：

邮 政 编 码：

电 话 传 真：

电 子 信 箱：

A.0.3 低应变反射波法检测结果汇总表格式

低应变反射波法检测结果汇总表

工程名称：

序号	桩　号	施工日期	测试日期	桩径(mm)	桩长(m)	波速(m/s)	桩身完整性	类别

检测人：　　　　审核人：

A.0.4 高应变法检测结果汇总表格式

高应变法检测结果汇总表

工程名称：

序号	桩　号	施工日期	测试日期	桩径(mm)	桩长(m)	入土深度(mm)	波速(m/s)	桩身完整性	类别	单桩极限承载力(kN)

检测人：　　　　审核人：

A.0.5 超声波法检测结果汇总表格式

超声波法检测结果汇总表

工程名称：

序号	桩　号	施工日期	测试日期	桩径(mm)	桩长(m)	平均声速(km/s)	平均波幅(dB)	桩身完整性	类别

检测人：　　　　审核人：

A.0.6　低应变反射波法单桩检测报告格式

低应变反射波法单桩检测报告单

编号：

工程名称		桩　　号	
检测单位		测 试 人	
测试日期			
检测依据		审 核 人	

施工日期			测试仪器		
桩　　型		设计强度等级		设计桩径（mm）	
设计桩顶标高（m）		设计桩端标高（m）		实测桩顶标高（m）	
原始测试曲线：					
检测结果：					

提交报告时间：　　　　年　　月　　日

A.0.7 高应变动测法单桩检测报告格式

高应变动测法单桩检测报告单

编号:

工程名称		桩　　号	
检测单位		测 试 人	
测试日期			
检测依据		审 核 人	

施工日期			测试仪器		
桩　　型		设计强度等级		设计桩径(mm)	
设计桩顶标高(m)		设计桩端标高(m)		实测桩顶标高(m)	
测试曲线:					
计算曲线:					
检测结果:					

提交报告时间:　　　年　　月　　日

A.0.8 声波透射法单桩检测报告格式

超声波法单桩检测报告单

编号：

<table>
<tr><td>项目名称</td><td></td><td>桩　　号</td><td></td></tr>
<tr><td>检测单位</td><td></td><td rowspan="2">测 试 人</td><td rowspan="2"></td></tr>
<tr><td>测试日期</td><td></td></tr>
<tr><td>检测规程</td><td></td><td>审 核 人</td><td></td></tr>
</table>

<table>
<tr><td>施工日期</td><td colspan="2"></td><td>测试仪器</td><td colspan="3"></td></tr>
<tr><td>桩　　型</td><td></td><td>设计强度
等级</td><td></td><td>设计桩径
（mm）</td><td colspan="2"></td></tr>
<tr><td>设计桩顶标高
（m）</td><td></td><td>设计桩端标高
（m）</td><td></td><td>实测桩顶标高
（m）</td><td colspan="2"></td></tr>
</table>

<table>
<tr><td rowspan="7">测管平面布置示意图：</td><td>测试结果
组　号</td><td>v_m
（km/s）</td><td>A_m
（dB）</td><td>v_D
（km/s）</td><td>A_D
（dB）</td></tr>
<tr><td></td><td></td><td></td><td></td><td></td></tr>
<tr><td></td><td></td><td></td><td></td><td></td></tr>
<tr><td></td><td></td><td></td><td></td><td></td></tr>
<tr><td></td><td></td><td></td><td></td><td></td></tr>
<tr><td></td><td></td><td></td><td></td><td></td></tr>
<tr><td></td><td></td><td></td><td></td><td></td></tr>
<tr><td colspan="6">检测结果：</td></tr>
</table>

提交报告时间：　　　　年　　月　　日

附录 B 正常混凝土的声速平均值及标准差的确定方法

B.0.1 将同一根桩混凝土的各测点声速值按大小排列,即 $v_1 > v_2 > v_3 > \cdots\cdots v_n > v_{n+1} > v_{n+2} > \cdots\cdots$,将排在后面明显小的数据视为可疑值,如果 $v_{n+1} > v_{n+2} > \cdots\cdots$ 等测值可疑,先予以剔除,然后以 v_n 及其以前点按本规程公式(6.4.4-3)和公式(6.4.4-4)计算声速平均值 $\overline{v}$、标准差 σ_v 及按公式(6.4.4-2)计算声速临界值 v_D。此时,若 $v_n > v_D$ 而 $v_{n+1} < v_D$,则表明计算的 $\overline{v}$、σ_v 为符合正态分布的正常混凝土平均声速及标准差值;若 $v_n < v_D$,说明 v_n 也是缺陷点声速,不应参加统计而应予以剔除,再以 v_{n+1}及其以上点统计计算新的 $\overline{v}$、σ_v 及 v_D,再作判断,而后依次类推,直至计算出符合正态分布的正常混凝土平均声速、标准差值。

B.0.2 确定 $\overline{v}$、σ_v 时应注意下列事项:

1 测点数应 $n \geqslant 20$。

2 当被测桩混凝土内部缺陷范围大,经剔除可疑点后剩余的正常测点很少时,若仍以剩余测点统计 $\overline{v}$,就可能会出现较大误差,判断失误。这时,应另选择质量正常的同类桩(同尺寸,同龄期、同一工地等)的声测值,以其 $\overline{v}$、σ_v 代表缺陷桩中的正常混凝土的平均声速和标准差。

用词用语说明

一、对规程的适用范围可采用“本规程适用于……”的用语，当需要时也可增加“不适用于……”的用语。

二、对执行规程严格程度的用词，应采用下列写法：

1. 表示很严格非这样做不可的用词：

正面词采用“必须”，反面词采用“严禁”。

2. 表示严格，在正常情况均应这样做的用词：

正面词采用“应”，反面词采用“不应”或“不得”。

3. 表示允许稍有选择，在条件许可时首先应这样做的用词：

正面词采用“宜”，反面词采用“不宜”。

表示有选择，在一定条件下可以这样做的，采用“可”。

三、规程条文中“条”、“款”之间承上启下的连接用语，宜采用“符合下列规定”、“遵守下列规定”或“符合下列要求”等写法表示。

四、规程条文中必须按指定的标准、规范、规程或其他有关规定执行时，应采用“按……执行”或“符合……要求”等写法表示；非必须时，应采用“参照……”等写法表示。

附件

公路工程基桩动测技术规程

（JTG/T F81-01—2004）

条 文 说 明

目　录

1 总则

1.0.1 随着公路等级要求的提高,对公路桥梁建设提出了新的要求,长桩、大直径桩及单桩单柱已在公路工程基桩中较为常见。鉴于目前我国尚未制定相应的公路工程基桩动测技术规程,基桩检测设备及检测方法尚无统一的规定,质量评价和承载力推算标准也不一致。因此,为统一检测方法,确保基桩工程检测质量,特制定本行业规程。

1.0.2 现有基桩动力检测方法主要依据一维弹性杆件中的应力波理论。对于水泥土桩(包括水泥搅拌桩和粉喷桩)和石灰桩等柔性桩,由于其桩身强度低和波速低、内部质量均匀性差,与一维弹性杆件模型相差较为悬殊,因此不能简单地套用现有混凝土桩的动测方法进行质量检测。

1.0.3 基桩工程的安全与否,除与基桩本身的质量有关外,还与工程地质条件、桩的承载性状以及施工方法等因素有关。另外,检测信号也受地基土条件、桩身材料等因素的影响,这就要求所选择的检测方法必须具有适用性和科学性。因此,综合考虑地质、设计、施工等因素的影响,对正确地评价基桩质量是十分重要的。

1.0.4 《公路工程行业标准管理导则》第1.0.2条中规定:"公路工程标准分为:公路工程建设标准强制性条文、公路工程行业标准、公路工程行业协会标准、公路工程行业地方标准"。本规程作为公路工程行业标准应符合国家及部颁公路工程建设标准强制性条文的有关规定。

1.0.5 检测单位应具备省级及其以上计量行政主管部门的计量认证和行政主管部门的专项检测资质,才能进入公路工程检测市场开展相应的检测业务。实行这种管理办法,旨在加强检测机构质量保证体系运行的监督与管理,确保检测结果客观、公正、可靠;同时考虑到基桩动力检测具有较强的技术性和学科交叉性,对从业人员的技术素质和实践经验要求较高。因此,除所在单位具有相应的资质外,检测人员必须经过行政主管部门认可的专业培训和考核,持有相应的技术合格证书,方能从事基桩动力检测工作。

3 基本规定

3.1 检测方法及选定原则

3.1.1 为了对钻芯孔周围的混凝土质量进行检测,超声波法除埋声测管检测外,增加了单孔折射法。表3.1.1中所述桩身缺陷程度是从定性的角度考虑,仅指对桩身的影响程度。

3.1.2 评价基桩质量的主要指标是桩身完整性和单桩承载力。根据检测目的和任务,充分考虑各检测方法的适用条件和局限性,结合场地工程地质条件、施工工艺及工程重要性等状况,选定多种检测方法进行检测,以保证检测结论的可靠性。

3.1.3 公路工程基桩的型式多以单桩单柱、独立承台为主,公路穿越路线长且地质情况一般较为复杂,因此,为全面了解工程基桩的质量必须100%的对其进行检测。

对于桥梁基础长桩,桩身完整性尤为重要。当应力波在混凝土中传播时,能量消耗较大,桩底反射信号微弱,这样会给桩身完整性的全面评判带来困难。因此,必须选取一定比例的基桩,用超声波法对其进行完整性检测。

高应变动测法具有激振能量大,深部和桩端的质量信息在实测信号中能够反映,且可用软件对桩身和地基土的物理力学参数进行定量拟合分析等独特的优点,从而使得工程技术人员能够较为深刻地了解被检桩的工程性状。但高应变动测法进行现场检测所需的条件还是相当的严格和繁琐,因此不能像低应变反射波法那样高比例地进行抽样检测。

3.2 检测仪器与设备

3.2.2~3.2.3 为了确保动测结果的可靠性和合法性,所用仪器设备的生产和使用必须执行国家标准计量法规,因此规定不在有效计量检定周期内的计量器具不得用于基桩动测。

3.3 检测前的准备

3.3.1 多方面搜集基桩的技术资料,对判定异常动测信号的真实原因十分有益。

3.3.2 当检测方法确定后,必须制订相应的检测方案。检测方案包括:工程概况,目的与任务,方法与技术,仪器设备,检测场地要求,检测人员和时间安排,检测报告等。

4 低应变反射波法

4.1 适用范围

4.1.1 低应变反射波法是目前国内外使用最广泛的一种基桩无损检测方法，它藉一维弹性波动理论对实测桩顶速度或加速度响应信号的时、频域特征来分析判定被检桩的桩身完整性，其中包括桩身存在的缺陷位置及其影响程度、桩端与持力层的结合状况。

根据一维弹性杆件波动理论,对由桩顶锤击产生的下行压缩波来说,当桩身某处波阻抗发生变化时将产生上行反射波。从广义讲,在某一桩身截面处波阻抗的降低,则表现为反射波与入射波的相位相同,如夹泥、离析、缩颈甚至断裂等;反之则表现为相位相反,如扩径等。因此,仅仅通过反射波的相位特征来判定桩身缺陷的具体类型具有一定的困难。另外,尽管目前国内外一些研究单位和厂家推出的反射波时域曲线拟合软件,但对桩身及其受地基土的作用难以给出可信度较高的定量分析结果,只能采用近似的模拟方法。因此,本方法在应用中尚需结合岩土工程地质和施工技术资料,通过综合分析来对桩身和桩端存在的缺陷及其类型和影响程度作出定性判定。

4.1.2 由于其桩身反射信号复杂和桩端反射不易识别,依据一维杆件中的弹性波理论,本方法既不能应用于水泥土桩等非刚性材料桩,也不能用于混凝土竹节桩等异型刚性材料桩。

4.1.3 在桩顶受到低能量锤击的作用下,低应变弹性波在桩中传播至桩端,并反射回桩顶被传感器所接收。人们既可利用时域信号中的桩端反射时间来计算波在桩中的传播速度,也可利用该场地被检桩的平均波速来估算桩的长度。但由于桩身材料和地基土的阻尼及辐射阻尼效应,波的能量将随着传播距离的增大而衰减,当被检桩超过一定的长度后,不易测得清晰易辨的深部桩身缺陷和桩端反射波,因此本方法检测受到了一定的限制。另外,桩端反射波的可辨性除受桩的长径比控制外,还与桩侧土的弹性模量或波速的高低密切相关,故本规程未对桩的长径比做具体的定量规定。

对于嵌岩桩,由于桩端嵌入基岩之中,往往存在有桩材料与基岩广义波阻抗相接近的情况,使得在时域曲线上桩端反射不明显或基本无法识别,这时就应结合岩土工程勘察资料和实测时域曲线来判断桩端嵌固情况。

4.2 检测仪器与设备

4.2.2 基桩动测仪是用于冲击或振动荷载作用下,对工程桩的桩身质量进行测试分析的仪器,应具备增益高、噪声低、频带宽的特点。本节提到的放大增益应大于60dB,折合到输入端的噪声应低于3dB的要求。

4.2.3 传感器是安装在被检桩顶面用以接收桩身和桩端反射波信号的重要器件,其性能评价的主要指标为频响特性、稳定性、量程、灵敏度等。速度传感器由于生产工艺等方面的原因,其高频响应受到限制,动测时传感器的安装刚度会导致强烈的谐振,使传感器的可测范围变窄而影响检测效果。目前基桩动测所使用的传感器主要是压电式加速度传感器,它无论从频响还是输出特性方面均有较大的优点,更适合于低应变反射波法测桩。

4.2.4 激振设备的材料及激振能量应综合考虑到被检桩的类型及检测目的。当检测短桩或桩身浅部缺陷时,冲击脉冲的有效高频分量宜选择2kHz左右,采用刚性好且脉冲宽度在1ms左右的铁锤、铜锤激振,便可满足检测要求。若采用轻锤激发高频信号检测桩土阻尼大的长桩或大直径桩,则桩身深部缺陷或桩端反射信号必然太弱,其真实信号将被噪声所淹没,因此一般应采用数十至数百千克质量的力棒和铁球激振,其产生的波能量大、脉冲宽、衰减小、反射强,以便正确地判别桩身的完整性和桩端的质量状态。

4.3 现场检测技术

4.3.1 被检桩顶面条件的好坏直接影响着测试信号的质量和对桩身完整性判定的准确性,因此,要求被检桩顶面的混凝土质量、截面尺寸应与桩身设计条件的基本相同。由于混凝土灌注桩在灌注中桩顶或多或少存在一些低强度的浮浆,将直接影响到传感器的安装以及锤击所产生的弹性波在桩顶部位的传播,因此检测前必须予以清理干净,以露出坚硬的混凝土表面为准;对于混凝土预应力管桩,当法兰盘与桩身混凝土之间结合紧密时,可不进行处理,若有损裂现象,则必须用电锯或电砂轮将其截除磨平后方可进行检测。检测前将被检桩顶部与相连的垫层或承台断开,避免因垫层或承台造成波的散射使实测波形复杂化,影响对被检桩完整性的分析和判断。

混凝土灌注桩成桩后过早地对其进行低应变动测,将会因桩身混凝土强度低造成波速明显偏低及桩身内部材料阻尼和桩侧土的辐射阻尼偏高,因此难以得到清晰易辨的深部缺陷和桩端反射信号,从而不能满足本规程第4.1.3条规定的适用条件。

对于打入或静压式混凝土预制桩,大部分采用接桩形式。在同一承台或相邻承台的打桩或压桩过程中,会对周围产生不同程度的挤土影响,严重时将会引起土体隆起或接桩部位脱焊,因此,应在桩基施工完后再进行完整性检测。

4.3.2 为了能够获得高质量检测信号而对传感器的安装提出了要求：传感器越轻，与桩顶表面安装得越贴近，接触刚度越大，所测得的振动信号越接近于桩顶表面的质点振动信号，因此，传感器的安装技巧以及粘合剂的合理选择在现场检测工作中至关重要。稠度低的黄油、油性橡皮泥、粘性低的口香糖、颗粒粗的粘土以及调得过干或过稀的石膏均不能使用，更不得采取用手按住传感器的方法进行检测，避免由此产生实测信号的严重寄生振荡而不能真实地反映桩身质量的实际信息。特别应该提出的是，传感器应在远离钢筋笼主筋处安装，以减少外露主筋振动或晃动对测试信号产生干扰。当确认周围钢筋笼对信号存在干扰时，应将钢筋截除后再进行检测。

对于直径大且桩身短的混凝土灌注桩，要求在桩中心激振，而将传感器安装于桩的1/2～2/3半径处，是因为此处由激振引起的表面波从桩侧来回反射产生的干扰信号为最小；而规定测点数随被检桩直径的增大而增多，主要是为了避免桩顶面材料不均匀所产生的不利影响及桩身可能存在局部缺陷的遗漏。

在这里特别应指出的是，由于公路工程基桩的直径一般较大，在测试分析中应充分考虑到传感器和激振点之间的距离给波速计算带来的误差。根据近年来许多学者的研究表明，当传感器和激振点距离大于200mm时，存在实测时差$\Delta T'$。以一根直径为1500mm，长度为12.6m，混凝土强度等级为C25的钻孔灌注桩为例，当取传感器与激振点间距为300mm，400mm，500mm，60cm时，实测时差分别为0.1ms，0.2ms，0.35ms和0.5ms，也就是说波速分别提高了1.4%，2.8%，5.0%和7.3%，相应的缺陷位置的计算深度也分别提高了0.17m，0.34m，0.60m和0.85m。因此，当激振点与接收点距离大于200mm时，实测波速和缺陷位置应进行修正。时差$\Delta T'$可以通过计算两次$S<200$mm的实测时程之差来求得。

对于预应力混凝土管桩，根据实践经验，传感器安装点和激振点与桩顶面中心的连线夹角宜不小于45°，以减少桩顶局部高频振动对桩身缺陷和桩端反射信号的影响程度。

4.3.3 用锤击方式激振时，可以通过改变激振锤的重量及锤头材料，来改变初始入射波的脉冲宽度或频率成分。刚度较小的重锤，入射波脉冲较宽，含低频成分较多，加上激振能量较大，弹性波衰减较慢，适合于获取长桩深部缺陷或桩端反射信号；刚度较大的轻锤，入射波脉冲较窄，高频成分较多，若激振能量较小，更适合于桩身浅部缺陷的识别及定位。

4.3.4 随着桩径的增大，桩身混凝土在截面和深度方向上的不均匀性均会增加，桩浅部的阻抗变化往往表现出明显的方向性，增加桩顶测点的数量，可以使检测结果更全面地反映出桩身完整性的整体情况；本规程规定在每个测点重复检测次数不宜少于3次，旨在确认检测信号的一致性并提高有效信号的信噪比；现场检测时，应合理地选择测试系统尤其是传感器的量程范围，避免其过载削波而影响检测分析结果。

4.4 检测数据分析与判定

4.4.1 目前用本方法判别桩身完整桩，主要是以时域波形为主、频域分析为辅。解释时域波形的先决条件是其含有桩身以及桩端质量信息的响应,这样才能正确地分析桩身的缺陷、求取桩身的波速以及估算桩身的强度是否符合设计要求。

由于多种干扰成分的存在,时域信号通常须采用滤波和平滑处理来突出其中的有效信息,而不恰当的滤波往往会导致漏判和波形畸变。当时域信号一致性差或干扰严重时,可结合频域曲线中相邻谐振峰所对应的频率差来进行缺陷估判。

4.4.2 为了判断被检桩的质量和推算缺陷的位置,首先应利用一定数量完整桩的反射波波形获取同一工地的桩身波速平均值。应该指出的是,虽然桩身波速与混凝土强度等级之间有一定的相关性(混凝土强度高,则其波速相对也高),但由于混凝土的集料、砂粒成分、粒径、水灰比以及成桩工艺等多种影响因素,其规律各不相同,至今仍未找出混凝土强度与波速二者之间普遍适用且可靠的定量关系,因此,本规程没有规定用实测桩身波速来推算混凝土材料强度的具体方法。

同一工地完整桩桩身波速平均值的准确取值,是检测分析桩身质量和桩身缺陷的可靠前提。当某根桩露出地面且具有一定高度时,可沿桩长方向且满足量测精度要求的间隔距离安置两个振动传感器,测出该桩段的波速值,并可作为该桩波速的参考取值;当无法获取本工地实测桩身平均波速时,可按类似工程的检测数据或经验取值初步分析判定被检桩的桩身缺陷,至于被检桩的深部质量和桩端状态必须按照本规程第 4.4.6 条的规定采取其他合适的方法予以检测。

用实测信号的频谱曲线辅助分析被检桩的完整性时，当桩侧土与桩身材料的弹性模量或波速比差别较大时，会使桩端第一与第二谐振峰的频率差明显地比后续的偏小，导致所计算出的桩身波速与时域法计算的结果不一致。因此，式(4.4.2-2)中的 Δf 一般不宜由桩端第一与第二谐振峰的频率来计算,而应尽可能地采用更高阶的相邻谐振峰频率。

4.4.4 对桩身时域反射信号进行分析时，位于浅部、中部桩身截面阻抗突变型的断桩、严重离析和缩颈等缺陷是容易识别的。而实际工程中，往往由于工程地质条件和施工工艺的原因，桩身某处截面沿深度会逐渐缓慢地增大或缩小，在某一深度处又以突变的方式恢复到设计尺寸。实测信号对缓变型截面变化反应不甚敏感，而对突变型截面变化反应敏感，因此容易将突变特征信号造成对桩身的质量类别的误判，对此必须引起注意。

4.4.5 对于公路工程中大量使用的嵌岩灌注桩,从理论上讲可以用低应变反射波法有效地检测出桩端的嵌岩质量,即在桩端波形呈反相反射时,则认为嵌岩状况良好,反之则认为在桩端处存在低劣混凝土或沉渣的可能性较大,或者存在软弱夹层或岩溶孔洞等。实际检测中,当嵌岩桩桩端出现较强的同相反射波,应采用频域曲线的嵌固系数辅助分析,结合岩土工程勘察和施工资料进行综合判断,必要时采用其他有效的方法进行核验,以确保桩基础工程使用的安全性。

4.4.6 对于已打入地基中的多节预制桩，由于在后续桩的施工过程中不可避免地存在挤土效应，有时往往在桩段接头部位出现桩被挤断并随土体隆起而上浮的工程质量事故，被检测到的浅部第一节桩就像一根完整的短桩。因此，仅仅从桩身接头的反射波特征往往难以准确地判定是接头焊接不良还是断裂错位。为进一步确认缺陷桩的类型，可采用高应变动测法检测桩的贯入度或静载荷试验观测桩的沉降大小来判定。

4.4.7 判别Ⅰ类桩的重要标准是实测时域信号规则和桩端反射清晰易辨，振幅谱相邻峰间隔 Δf 基本相等，同时满足 $\Delta f = c/2L$。另外应指出的是，在分析桩的时域信号时，可能存在的反射波应区分出是由桩身波阻抗变化或缺陷引起的还是由桩侧土的分层交界面引起的。一般来说，若桩身截面和质量沿深度方向的均匀性好，则由桩侧土分层交界面引起的反射波是不强烈的。因此，在分析中应综合考虑多方面的因素，以避免将完整桩误判为缺陷桩。

由于工程地质或施工工艺等原因，有些桩在时域曲线中反映为反向的扩径特征，甚至可见到二次的同向反射，并且从施工记录中得到验证，此类桩一般不应视为有缺陷，应判为基本完整的Ⅱ类桩。

对于缺陷桩，其实测时域波形和频域曲线均呈现出一定程度的复杂性，当桩身截面形状和材料均匀性沿深度的变化严重时更是如此。判别桩身存在严重缺陷的主要依据是在实测时域波形上桩身某处的反射波强烈，并伴有多次反射，一般情况无法识别桩端反射信号。

从实际工程应用角度来说，当一个缺陷的类型、位置及其严重程度均被较为准确地判定后，它对桩的工程性状会产生怎样的影响以及如何处理的问题也就相对地容易解决了。本方法对被检桩的质量类型进行判定，目的就是为了向工程设计人员提供桩身缺陷的一个综合影响评判指标。然而，由于低应变反射波法固有的局限性，现实尚难以较为准确地检测出缺陷的类型及其严重程度，因而本规程对桩身质量类型的判定结果仍具有一定程度的不确定性，在工程应用中对此应予以注意。

对桩身反射信号，有的是真正的桩身缺陷，但也有的是由土层分层界面和桩身结构产生。从目前的工程实践来看，仅运用本方法来较为准确地判定出引起桩身反射的确切原因还是有一定的困难。目前通常是根据反射波信号峰值的大小来判定桩身缺陷的程度，它除受缺陷程度高低的影响外，还与桩侧土性质及缺陷所处的深度有关，相同程度的缺陷因桩侧土性或埋深不同，其反射波峰值的大小存在明显的差异，因此，如何正确判定桩身缺陷的严重程度并确定属何类质量的桩，应仔细认真对照设计桩型、工程地质条件和施工情况等进行综合分析判断。不仅如此，缺陷桩的类别划分还应结合基础和上部结构型式对桩的沉降和承载力的要求，考虑桩身缺陷引发桩身结构破坏可能性的大小，不宜单凭测试信号定论。如果对缺陷程度和质量类别的判别确有困难，除了进行复测以确认曲线的真实性外，还及时与委托单位联系，以采用其他有效方法进一步验证。

本方法依据时域曲线的桩端反射时间和已知桩长来估算整桩的混凝土波速，或采用式(4.4.2-1)求得的波速平均值来估算某一根桩的桩长并判定是否达到设计要求。尽管某一波速平均值不能代表工地中某一根桩的真实波速,但对桩型和施工工艺相同的、同一工地中的一批桩,用波速平均值估算桩长并作为判定是否达到设计要求是目前较为简便且较为可信的方法。在公路桥梁的施工中,尤其是嵌岩桩实际桩长的评估尤为重要。因此,在检测中发现桩长估算值与设计桩长明显不符时,必须进行复测直至采用钻孔取芯法在桩身混凝土中取芯验证。

5 高应变动测法

5.1 适用范围

5.1.1 当桩顶受到强烈的轴向锤击力作用时，波将由上而下地在桩身和地基中传播，两者之间由于阻抗的显著差别而会被激发出较大的塑性相对位移和地基对桩身的阻力。高应变动测法就是根据桩顶实测的力和振动速度信号，通过波动理论反分析来推算桩身阻抗、应力和桩侧土阻力分布、桩端阻力等工程力学性指标，并由此推定被检桩的完整性、轴向抗压极限承载力，或选择桩型和桩长（统称为试打桩）、监控桩锤工作效率和在打桩施工过程中桩身承受的最大锤击应力（统称为打桩监测）。

5.1.2 单桩的极限承载力可由桩身结构承载力决定，也可能受桩侧和桩底岩土阻力控制，后者正是高应变动测法所能推算的承载力。由于目前尚不能够很好地定量描述岩土的非线性力学行为及其桩-土相互作用机理，要从受静、动力特性同时影响的实测桩顶振动速度和力信号中分析推算出被检桩的静力轴向抗压极限承载力，人们就必须对所用的计算模型作出许多简化假定。为了针对不同的桩型和工程地质情况获得这些简化模型的合理参数，或对其推算的单桩极限承载力的结果进行有效地修正，检测单位和测试分析人员应该在桩型及其施工工艺和岩土情况基本相同的条件下，积累一定量的静载荷试验和高应变动测对比资料以及现场实践经验，这对混凝土灌注桩尤其重要。

5.1.3 由高应变动测法推算被检桩的轴向抗压极限承载力时，所用的锤击力必须能够使桩产生一定的贯入度和使桩侧、桩端岩土阻力得以充分发挥。对超长、桩端无沉渣的大直径扩底和嵌岩混凝土灌注桩，由于其截面积大和实际极限承载力高等多种原因，激振用的锤重往往显得不够且与桩的匹配能力下降，深部桩身、桩端位移和岩土阻力难以得到充分地发挥，因而不能满足高应变动测法推算被检桩轴向抗压极限承载力的基本条件。此时，可考虑采用在桩身中预埋荷载箱进行自平衡静载荷试验确定单桩承载力。另外，这些桩的截面形状往往复杂且沿深度多变而不容易较准确地加以模拟，继而使高应变动测法分析计算结果的精度下降。因此，当被检桩的充盈系数明显高于基桩施工规范要求和本场地平均值时，其检测结果的代表性将变差。

5.2 检测仪器与设备

5.2.1 本条对高应变动测信号采集器和传感器的主要技术性能指标要求,相当于我国建筑工业行业标准《基桩动测仪》JG/T 3055 中表 1 规定的 2 级标准,但对混凝土和钢桩使用的加速度传感器的量程应注意有所区别,前者约 2000g,后者可达 5000g。由于在现场的使用环境恶劣,动测仪器的环境性能指标和可靠性也应值得重视。

5.2.2 本条规定的采样时间间隔 100 ~ 200μs,在通常所用 1024 个采样点条件下,对常见长度的工程桩是合适的。但对于短桩或超长桩,这一采样时间间隔可适当减小或增大,但应确保桩底反射时间后有不少于 20ms 或达到 $5L/c$ 的信号记录以供后续曲线拟合分析之用。

为确保实测信号的可靠性,传感器必须按本规程规定进行标准计量检定,使用时应按有效的检定结果设定传感器的灵敏度。

5.2.3 为了避免分片组装式锤在下落时易造成低能量连击和偏心而影响检测质量,宜选用整体浇铸且质心较低的钢铁锤激振。

5.2.4 高应变动测法检测单桩轴向抗压极限承载力的重要条件之一,是所用锤击力能够使桩产生本规程第 5.3.7 条第 3 点规定的贯入度。为此,锤重必须与桩身重量、设计或预估极限承载力的大小相匹配。合理的最小锤重目前还不能从理论上计算出来,本条款的规定是参考国内外已有的实际工程经验综合取定的。当不能满足本条款规定的最小锤重要求时,一般不得应用本方法进行被检桩的轴向抗压极限承载力检测。

5.2.5 重锤对桩的冲击会使其周围的地面以及邻近架设的基准梁或水准测量仪器产生振动,继而会导致桩的贯入度测量结果可靠度降低。因此,在现场测量桩的单击贯入度时,应采用可远离受检桩的精密仪器设备(如激光水准仪等)。

从理论上说,人们是可以从实测桩顶加速度经两次积分得到的位移信号来确定该桩的贯入度。这虽然最方便,但可能存在下列问题:

1 由于信号采集时段短,信号采集结束时桩的运动尚未停止(以柴油锤打长桩时为甚),因而不能真实地确定桩的贯入度。

2 加速度传感器性能将严重影响着积分结果乃至由位移信号确定被检桩贯入度的精度,零漂大和低频响应差(时间常数小)时尤其明显。

因此,对于被检桩贯入度测量精度要求较高的工程,由对实测加速度信号积分获得的贯入度仅可作为参考值。

5.3 现场检测技术

5.3.1 预制混凝土和钢桩在沉桩施工过程中不可避免地会因挤土效应而降低周围地基土体的强度,从而在一定的时间内使桩的极限承载力下降。但由于土的蠕变效应和土体重新固结等因素的影响,土体强度乃至桩的极限承载力会随时间的变化而逐渐恢复甚至提高,在饱和软粘土地区更为明显。但由于目前尚难以建立单桩承载力的时间效应系数的普遍适用公式,为使检测结果与工程设计所依据的静载试验相一致,高应变法动测距沉桩的最短时间间隔必须满足本条规定的休止期。

在执行本条时,应根据被检桩的荷载传递特性来确定地基土的类型。对端承桩,应根据桩端持力层的土性来选用休止期;对于摩擦桩,休止期的确定应取决于桩侧土的性质,此时桩侧若是性质相差悬殊的层状土,则一般宜按休止较长的那种土层及其影响权重大小来综合考虑。对于摩擦端承桩和端承摩擦桩,其休止期遵从类似原则确定。

5.3.2 对于混凝土灌注桩,为防止在现场检测时由桩身结构承载力控制被检桩的极限承载力,桩身混凝土强度必须达到设计要求的等级。在桩基施工时,若为了能够提前进行高应变动测而在桩身混凝土中添加了早强剂,则检测时间也不得早于本规程第 5.3.1 条规定的地基土休止期。

5.3.3 桩头按本条款规定加固处理并满足锤击装置和传感器安装条件,都是为了避免检测时击碎桩头和锤击偏心。另外,为了解被检桩的基本性状和提高高应变法动测工作的成功率,在桩头加固处理前应对其完整性进行低应变法检测。当确认拟检桩属于 III 或 IV 类桩,因其不具有代表性和不满足高应变法的分析原理,一般不宜用本方法检测桩的极限承载力;但若为了弄清桩身缺陷特性或产生原因等目的,则仍可以对其进行高应变法检测,只是有关单位事前应对此做出专门的研究和决定。

5.3.4 检测时在桩顶面铺设锤垫,主要也是为了避免击碎桩头和减小落锤偏心的影响,同时还可以适当调整锤击力的作用时间继而提高锤击能量的传递比和实测信号的质量,垫层面直径应略大于桩径 20mm 左右。

5.3.5 在距顶面一定远处的桩侧对称安装两组力和加速度传感器,主要是为了使获得的实测信号接近于桩身一维杆件假设条件,同时减小锤击力在桩顶可能产生的塑性变形的影响和对偏心激振进行平均法修正,从而提高测试信号的有效性。为了减小新老混凝土界面对实测信号的影响,传感器的安装位置与此距离应不小于 0.3 倍被检桩的截面边长或外径。

传感器(尤其是应变传感器)安装的好坏直接影响到动测信号采集的精度,现场必须在检测仪器监控条件下由经过专门训练过的人员来操作。

5.3.6 桩顶锤击力 F 是通过应变传感器测量的应变 ε 按下式换算的：

$$F = AE\varepsilon \tag{5.1}$$

式中 A 和 E 分别是测点处桩身截面积和材料弹性模量,其中 E 可由设定的该处桩身波速和式(5.3.6)换算得到。显然,测点处桩参数的选定是否符合实际将直接影响到锤击力的精度,同时还影响力和速度信号起始段是否应该重合的判定。

测点下桩长是指桩侧传感器安装点至桩端的距离,一般不包括桩尖部分。

关于桩身平均波速,对普通钢桩可直接设定为 5120m/s,但对 C20 ~ C80 的钢筋混凝土桩,其值变化范围因与集料品种、粒径级配、成桩工艺(导管灌注、振捣、离心)及龄期等因素有关而约为 3000 ~ 4300m/s。混凝土预制桩(含管桩)可将沉桩前实测无缺陷桩的桩身平均波速作为设定值,而灌注桩则应结合本地区混凝土波速的经验值或同场地已知值初步设定,在后续计算分析时再根据实测信号进行修正。应该指出的是,被检桩桩身的平均波速和传感器安装处桩身的波速是两个不同量,后者一般不得任意随前者的改变而调整。

5.3.7 根据动力学理论,桩顶沿其轴线的最大锤击力随着激振锤冲击桩顶时初速度的增大而增大,但其主频却是随着锤重的增大而减小。激振锤的落距越高,它冲击桩顶时的初速度和所产生的锤击应力及其偏心的可能性越大,桩头就越容易被击碎。但若采用重锤低击方式激振,往往能够有效地改善波在桩身传播的不均匀性,降低桩侧和桩端岩土阻力发挥过程中的动力学效应,从而可以显著地提高传递给桩的锤击能量和增大桩顶位移。因此,“重锤低击”是保障高应变法动测被检桩承载力准确性的重要原则之一。

贯入度的大小与桩端刺入或持力层压密塑性变形量相对应,是反映桩侧、桩端土阻力是否得以充分发挥的一个重要度量指标。国内外动-静对比试验和工程实践表明,当被检桩的单击贯入度过小或过大时,桩侧和桩端土在检测中表现出的力学行为与后续分析所依据的计算模型均会产生较大的差别,继而使被检桩的轴向抗压极限承载力推算结果的可靠性下降且变得更难以对其进行评估。本条规定的贯入度范围是根据国内外工程实践取定的,其中对纯摩擦桩可取低值,而对具有一定端承作用的大直径桩,则一般宜取高值。

高应变动测法所用的激振能量高,每次锤击均会对桩侧、桩端土产生明显的扰动,后续锤击力下发挥出的岩土阻力及其沿深度分布与开始时的将会有所差别。因此,当检测桩的极限承载力时,为了能够真实地反映其原有的特性,锤击次数应按本条规定加以限制,其中可用于后续分析计算的有效信号按本规程第 5.3.8 条的规定一般不宜少于 2 次。

打桩监控中的全过程监测,是指对混凝土预制桩或钢桩开始施打后,在桩锤正常爆发起跳至收锤的整个过程中所进行的测试。

5.3.8 高应变动测的结果与现场采集到的信号质量和所用分析方法及其软件的先进性等密切相关,而现场检测环境又经常存在一些不利因素。因此,检测人员应能熟练地判定检测系统的工作状态，排除各种可能的干扰，及时对每次采集到的信号进行初步分析和计算，以结合第5.3.9条规定判定这些实测信号的有效性和是否满足桩身完整性或承载力检测的基本要求，并为调整在现场的后续检测工作方案提供依据。在进行预制桩打桩监控时，按每次采集一阵（10击）的信号进行判别。

5.3.9 除柴油锤激振的长桩信号外，力信号曲线必须最终归零。对于混凝土桩，高应变动测信号质量往往同时受传感器安装好坏及在检测时是否松动、锤击偏心程度、传感器安装面处混凝土是否开裂或出现明显塑性变形的影响。这些影响对应变传感器测得的力信号尤其敏感。锤击严重偏心是指两侧力信号之一超过了其平均值的30%。由于锤击偏心通常很难避免，故而严禁用单侧力信号进行被检桩工程性状的分析计算。

5.3.10 当在工程设计阶段难以根据工程地质情况确定桩长和桩端持力层，可在工程桩施工前进行试打桩。在试打桩时，对接近地表的软土层和对单桩承载力影响小且不可能作为持力层的土层，可以不测或少测。为便于确定更深的土层为合适的持力层，试验桩的长度可比初步设计的长些。

5.3.11 在锤击法打桩施工过程中，过大的压应力和拉应力会导致桩身出现压碎或拉裂甚至断裂事故。对于混凝土桩，由于其抗拉强度比抗压强度低得多，桩身锤击拉应力是其施工监控的最重要指标。对深厚软土地区的长桩，打桩时侧阻力和端阻力很小，桩锤爆发起跳产生的下行压力波在桩底反射回来时变成了上行拉力波，其头部（拉应力幅值最大）会与后续锤击产生的下行压力波的尾部叠加而在桩身某一部位产生净拉应力。当这一净拉应力的最大值超过混凝土抗拉强度时，就会将此处的桩身拉裂。另外，当桩端所进入的土层比桩侧土明显软弱时，桩端也将产生上行拉应力波。

桩身锤击压应力的大小受锤重、落高和桩垫刚度等因素的综合影响。实践表明，在桩锤确定的情况下，桩端阻力或桩侧阻力越大，桩顶的刚度就越高，桩顶遭受的锤击压应力也将增大。因此，桩身压应力宜在桩端进入硬土层或桩侧土阻力较大时测试。另外，在打桩过程中有时会突然出现贯入度骤减或拒锤，其原因可能是桩端碰上孤石或基岩，继续施打也会造成桩身因压应力过大而破坏。

5.4 检测数据分析与判定

5.4.1 为了避免过多次数的锤击降低地基土的强度，使高应变法动测的分析结果不能代表被检桩的实际承载力特性，本条规定宜取头两次锤击中能量和贯入度较大的有效信号作为承载力分析的依据。但从桩身完整性评判方面来说，桩侧土体受多次锤击而扰动和强度降低倒是一个有利因素，因为此时的桩身缺陷和桩底反射往往会更加清晰易辨。

在对信号进一步分析处理前，需要对检测时设定的桩身平均波速进行调整。当桩底反射明显时，平均波速也可根据力和速度信号上的桩底反射波历时或下行波上升沿的起点与上行波下降沿的起点间的时差和已知桩长值确定。对桩底反射峰变宽或有水平裂缝的桩,不应根据信号的"峰-峰"时差来确定桩身的平均波速。桩较短且锤击力波上升缓慢时,可采用低应变动测信号确定桩身的平均波速。传感器安装位置桩身的波速仅与该处材料性质有关,原设定值可以不随桩身平均波速的调整而改变。但若原设定值与实际情况相比确实需要调整,则应对原实测力信号关于新波速值进行修正。

对于完整性良好的等截面匀质桩,若在一定深度范围内地基土的阻力不大,则实测的力 $F(t)$和速度信号 $V(t)$在第一峰前应基本成比例($Z=\rho Ac$)。但是在下列几种情况下,两信号的比例失调将属于正常:

1 传感器以下浅部桩身缺陷导致速度信号偏高,或浅部桩身扩颈和地基土阻力高造成力信号偏高。

2 采用应变传感器测力时,测点处混凝土受力已进入非线性,而换算力时仍采用了较高的弹性模量,继而造成力信号偏高。

3 锤击力波上升缓慢或桩长很小时,土阻力波或桩端反射波的到达时间较第一峰的为早。

除对第2种情况可适当减小力值以避免预示的承载力过高外,在其他情况下均不得对实测信号关于力和速度信号在上升沿的比例性进行随意的调整。

5.4.2 若能根据实测力和速度信号的特征对被检桩的承载特性以及相关的动力学性质有一个大体的认识,则在进一步分析中对模型及其参数选取乃至计算结果的合理性判定等方面将起到十分重要的作用。这也要求高应变法动测分析人员应该具备坚实的基础理论和专业知识,并具有丰富的检测工程实践经验。

5.4.3 用实测曲线拟合法分析时,须先对桩体以及桩端、桩侧岩土阻力建立计算模型,然后再应用波动理论对实测信号数据进行反演计算而求出这些桩、土模型中的参数值,最后由此推算出被检桩的极限承载力和评判桩身的完整性。在反演计算的每一循环中,先假定各桩单元和地基土的模型参数,并将实测速度(或力、上行波、下行波)信号曲线作为输入边界条件,然后用数值方法求解波动方程得出相应的桩顶的力(或速度、下行波、上行波)信号计算曲线。若这一计算曲线与实测曲线不吻合,说明所假设的某些模型参数不合理而需要调整。在这些参数被调整后,再重复进行上述循环的计算,直至计算与实测曲线的吻合程度符合一定的要求为止,此时贯入度的计算值与实测值也应基本相同。

由于所用分析模型的非线性并且包含了诸多参数,上述反演计算的结果一般来说是不惟一的。因此,要想获得较为可靠的检测结论,在应用曲线拟合法时必须遵从本条款的具体要求和规定:

土的静阻力模型目前多为理想弹塑性模型,土的极限静阻力和土的弹性极限位移是其中的两个重要参数,它们可以由桩的静载试验(包括桩身内力测试)资料来统计确定,而在卸载阶段规定其卸载路径的斜率和弹性加载的相同。土的动阻力模型一般采用与桩身运动速度成正比的线性粘滞阻尼,它带有一定的经验性而不易直接验证。桩身一般被简化为一维弹性杆件模型,单元划分应采用等时单元(应力波通过每个桩单元的时间相等)。桩单元除考虑 A、E、c 等参数外,也可考虑桩身阻尼和裂隙;而对桩端,可以考虑设置空隙、开口桩或异形桩的土塞、残余应力影响和其他阻尼形式。只是后面提及的这些模型及其参数也多是经验性,直接验证往往不易。

地基与位移相关的总静阻力一般会不同程度地滞后于 $2L/c$ 发挥。当端承型桩的端阻力发挥所需位移很大时,土阻力发挥将产生严重滞后。因此,需要在 $2L/c$ 后延时足够的时间(至少取 $3L/c$ 或 20ms 中的较大者),使曲线拟合段能包含土阻力响应的全部信息。土阻力响应区是指实测信号上呈现的土的静阻力信息较为突出的时间段。本条强调此区段的拟合质量,主要是想避免那种只重波形头尾而忽视中间土阻力响应区拟合质量的错误作法。由于所采用的桩、土计算模型与实际情况总是存在差别的,计算曲线和实测曲线完全重合的拟合结果将是不科学的。因此,针对不同的桩型,应当根据动-静对比资料,将信号曲线的总拟合质量系数控制在合适的范围之内(一般在 2% ~ 5%,其中预制桩和钢桩取低值,而灌注桩取高值)。

为提高分析结论的可靠性,在实测曲线拟合时,应根据实测信号特征和施工、地质技术条件综合分析判定所反演出的桩、土参数的合理性,而其中的要点就是看这些参数的取值是否在岩土工程常见合理的范围之内。例如,若设定的值超过对应单元的最大计算位移值时,桩侧土阻力通常未能充分发挥,由曲线拟合法得出被检桩的极限承载力结果也就不能反映桩的实际承载特性了。本条要求贯入度的计算值应与实测值基本相同,是检验反演中选用的等参数值是否合理的一个重要判定指标。

5.4.4 凯司法推算被检桩轴向抗压极限承载力的公式(5.4.4-1)是基于以下三个假定推导出的:(1)桩身阻抗沿深度保持不变;(2)土的全部动阻力集中于桩端且只与桩端质点运动速度成正比;(3)土阻力在时刻 $t_2 = t_1 + 2L/c$ 已充分发挥。显然,它较适用于摩擦型的中、小直径的非超长预制桩以及桩身波阻抗沿深度较均匀的灌注桩。公式结构还表明,除实测信号外,阻尼系数 J_c 的经验取值是否合理将在很大程度上决定着凯司法推算被检桩极限承载力的可靠性。由于具有这些局限性,在公路工程中,凯司法只能被用以检测群桩中单桩的极限承载力,而不得用于检测一柱一桩等重要部位的工程桩。

为了提高凯司法检测分析结果的可靠性,检测机构和技术人员应该对 J_c 的合理取值已经积累了大量的相同或相近条件下的动-静对比验证资料和实际工程经验。以此为前提条件,在相近的实际工程中,J_c 可以由部分被检桩的曲线拟合法结果来加以推算,但在其值明显异常时不得使用。在目前国内外的实际工程应用中,J_c 的取值通常仅与桩端土的性质有关,一般是土的粘性越强则其值越大。例如,上海地区 J_c 的参考经验取值是:中粗砂和细砂 0.1 ~ 0.2,粉砂 0.2 ~ 0.3,砂质粉土和粘质粉土0.3 ~ 0.5,粉质粘土和粘土 0.4 ~ 1.0。但当桩的单击贯入度达不到本规程规定数值或桩-土体系不满足上述三个基本假定时,J_c 值实际上变成了一个毫无明确物理力学意义的综合调整系数,由凯司法推算的被检桩极限承载力也就没有任何实际应用价值。

式(5.4.4-1)给出的被检桩极限承载力仅包含 $t_2 = t_1 + 2L/c$ 时刻之前所发挥的土阻

力信息。但除桩长较短的摩擦型桩外,通常土阻力在 $2L/c$ 时刻是不会充分发挥的,端承型桩尤其显著。为解决这一问题,可先对 t_1 进行多次延时并用式(5.4.4-1)求出相应的承载力计算值,然后将其中的最大值作为该受检桩的极限承载力,这就是常说的 RMX 法。对于长度和侧摩阻力较大而荷载作用持续时间相对较短的桩,桩身在 $2L/c$ 之前会产生较强的向上回弹,继而使得桩身从顶部逐渐向下明显地产生土阻力卸载(而此时桩的中、下部土阻力仍属于加载),将这种卸载的土阻力对式(5.4.4-1)进行补偿修正的方法称 RSU 法。除此以外,还有其他几种修正凯司法(如 RAU 法、RA2 法和 RMN 法等),只是它们都有各自的适用范围,必须积累了成熟的经验后方可采用。

5.4.5 目前高应变动测法主要是用来检测桩的轴向抗压极限承载力,除非是为了解大直径和超长桩的深部和桩端质量信息,用它来专门检测桩身的完整性通常会被认为是不合算的事情。当被检桩的截面阻抗沿深度基本均匀时,测点下第一个缺陷的位置及其程度可用本条款所述方法进行定量分析,其中桩身完整性系数 β 由下式计算:

$$\beta = \frac{\frac{1}{2}[F(t_1) + Z \cdot V(t_1)] - \Delta R + \frac{1}{2}[F(t_x) + Z \cdot V(t_x)]}{\frac{1}{2}[F(t_1) + Z \cdot V(t_1)] - \frac{1}{2}[F(t_x) + Z \cdot V(t_x)]} \tag{5.2}$$

式中 β——桩身完整性系数;

t_1——速度信号第一峰对应的时刻(ms);

t_x——缺陷反射峰对应的时刻(ms);

$F(t_1)$、$F(t_x)$——t_1 和 t_x 时刻的锤击力(kN);

$V(t_1)$、$V(t_x)$——t_1 和 t_x 时刻的振动速度(m/s);

Z——桩身截面力学阻抗(kN·s/m);

ΔR——缺陷以上部位土阻力的估算值。

若桩身第一个缺陷较浅或第一个缺陷下方不远处存在第二个缺陷,则本条方法的分析判定准确性会受到影响,因为在前种情况下通常的锤击力上升时间不小于 2ms 而与浅部缺陷反射波相叠加,在后种情况下第二个缺陷反射波会叠加在第一个反射波上,继而分别导致式(5.2)中 ΔR 和 t_x 的确定带来显著误差。另外,在利用式(5.2)和表 5.4.5 来判定被检桩的完整性时,宜与其桩头加固处理前的低应变动测结果进行比较分析,由此检验结论的可靠性或了解缺陷是否在高应变法动测中受锤击恶化。

5.4.6 当不符合第 5.4.5 条的条件时,应在推算被检桩承载力的同时采用实测曲线拟合法的结果来评价它的完整性。和低应变反射波法一样,高应变动测法分析桩身完整性的原理实际上也是依据桩身的阻抗变化,从而一般也不易判定出确切的缺陷性质。但由于高应变法的信号能量大且同时测量力和振动速度信号,故可对桩身波阻抗沿深度的变化进行定量推定,而且在连续锤击过程中还可观察缺陷的扩大和逐步闭合情况,这是低应变反射波法所不能比拟的。

当有轻微缺陷，并确认为水平裂缝（如预制桩的接头缝隙）时，裂缝宽度 δ_w 可按下式估算：

$$\delta_w = \frac{1}{2}\int_{t_a}^{t_b}\left(V - \frac{F - \Delta R}{Z}\right)\cdot \mathrm{d}t \tag{5.3}$$

式中 V 和 F 分别为实测桩顶振动速度和力信号，ΔR 为缺陷以上部分土阻力的估算值，Z 为桩身截面力学阻抗。

5.4.7 当桩身结构承载力足够高时，工程桩的极限承载力决定于打桩施工后满足休止期的地基土的强度。因此，用初打桩的实测信号分析出的侧土阻力和端阻力应该分别乘以各自的时间效应系数，才能作为该场地此类桩承载力的依据。由于这种时间效应系数的影响因素诸多且难以准确取定，桩的极限承载力应由满足休止期的复打试验信号来加以推算和校验。

桩端持力层的选定应根据设计对承载力和沉降的要求、沉桩施工机械、工程场地岩土剖面状况以及经济指标等因素来综合确定。

5.4.8 对式（5.4.8-1），通常是先计算其中｛ * ｝/2A 随时间 t 的变化关系，其最大值及其对应的 x 就是桩身受到的最大拉应力和发生的位置与传感器间的距离。由于土阻力和辐射阻尼的影响，桩身的最大压应力通常出现在地面位置，故而式（5.4.8-2）中的 F_{max} 可取为实测的最大锤击力。在打桩监控中，这两种桩身最大锤击应力均不得超过国家现行有关技术标准规定的限值。

5.4.9 式（5.4.9）中的积分上限 T，理论上说应该是锤击力作用结束的时刻（从锤击力信号开始起跳时计算）。当在桩顶侧面采用应变传感器测量锤击力时，若地基土在浅部产生较强的侧阻反射或桩长较小致使桩端反射与锤击力信号叠加，则采用该式计算桩锤实际传递给桩的能量将会存在偏差。在条件许可时，为减小这种误差，也可以在桩锤上安装加速度传感器，然后通过实测桩锤最大速度（理论上应出现在开始撞击桩顶的时刻）和桩锤质量计算桩锤的最大动能，并且由此与其额定能量相比来计算该桩锤的实际工作效率。用这种方法检测桩锤效率时，应放置薄的锤垫，而不能放置尺寸和质量较大的桩帽，以减小这些中间环节过多地改变桩锤传递给桩的实际锤击能量。

当实测的桩锤效率比额定值明显偏低时，应及时检查是否为使用的锤垫不合理或被检桩桩顶开裂破碎所致。

5.4.10 高应变法动测用于检测工程桩或试打桩的极限承载力和完整性以及打桩监控是一种理论和技术性要求很高的工作。为了尽可能有效地从监督检测分析过程的规范性来判定检测结果的可靠性，检测报告必须包含本条规定的相关技术内容。

6 超声波法

6.1 适用范围

6.1.1 在桩身预埋一定数量的声测管,通过水的耦合,超声波从一根声测管中发射,在另一根声测管中接收,或单孔中发射并接收,可以测出被测混凝土介质的声学参数。由于超声波在混凝土中遇到缺陷时会产生绕射、反射和折射,因而到达接收换能器的声时、波幅及主频发生改变。超声波法就是利用这些声波特征参数来判别桩身的完整性。

对跨孔透射法,当桩径较小时,声测管间距也较小,其测试误差相对较大,同时预埋声测管可能引起附加的灌注桩施工质量问题。因此,本规程规定声波透射法只适用于桩径不小于800mm的灌注桩。

单孔折射波法是根据公路桥梁对桩基的质量要求,检测钻芯孔孔壁周围的混凝土质量。

6.2 检测仪器与设备

6.2.1 基桩声波测试仪器必须具有实时显示波形和分析功能,是为了提高现场检测及室内数据处理的工作效率,保证检测结果的准确性和科学性。

6.2.4 接收放大器的频带宽度为5~200kHz,其下限不宜降低,否则不利于滤去因换能器绝缘性能降低而产生的低频信号,造成自动判读时丢波和错判现象。

6.3 现场检测技术

6.3.1

1 在声波透射法检测中,超声波特征值仅与收、发检测管间连线两边窄带区域(声测剖面)的混凝土质量密切相关。当灌注桩的直径增大时,每组声测管间超声波的混凝土检测范围占桩截面积比例减小,不能反映桩身截面混凝土的整体质量状况,因此,声测管的数量及布置方法决定了桩身混凝土实际的检测面积和检测范围,对直径大的桩必须增加声测管的数量。

声测管布置，三管应按等边三角形均匀布置（构成三个声测剖面），四管则应按正方形均匀布置（构成六个声测剖面）。

2 检测管的内径宜比换能器外径大 15mm，是为了便于换能器在管中上下移动。当对换能器加设定位器时，检测管内径可比换能器外径大 20mm。公路基桩大多数是大桩、长桩，由于混凝土的水化热作用及钢筋笼安放和混凝土浇注过程中存在较大的作用力，容易造成检测管变形、断裂，从而影响检测工作的顺利进行。因此，本规程建议声测管采用强度较高的金属管。在安装检测管时，为避免产生漏浆和因焊渣造成管内堵塞问题，检测管不应采用对焊方法连接。

3 由于声测管间距随深度的变化难以确定，各深度处的声速只能采用桩顶二根声测管的距离来计算，因此，必须将声测管埋设得相互平行。为减少偏差可在相邻声测管之间焊接等长水平撑杆。

4 根据公路工程的特点和便于了解桩身缺陷存在的方位，本规程规定检测管编号按前行方向的顶点为起始点顺时针编号。因此，声测管埋设时宜将其中一根对准线路前行方向。

6.3.2

1 为保证检测结果的可靠性，同时考虑到混凝土在龄期 14d 后的超声波波速等特性参数变化已经趋于平缓，因此本规程规定超声波检测时混凝土的龄期不应早于 14d。

2 声测管中的浑浊水将明显甚至严重加大声波衰减和延长传播时间，给声波检测结果带来误差。因此，检测前应冲洗检测管并灌满清水做为耦合剂。

3 声波从发射至接收仪器系统产生的系统延迟时间为 t_0，其测试方法如下：

将发、收换能器平行置于清水中的同一高度，其中心间距从 400mm 左右开始逐次加大两换能器之间的距离，同时定幅测量与之相应的声时；再分别以纵、横轴表示间距和声时作图，在声时横轴上的截距即为 t_0。为保证测试精度，两换能器间距的测量误差不应大于 0.5%，测量点不应少于 5 个点。

6.3.3

1 在声波透射法检测中，应随时校准收、发换能器所在的深度是否相同，以避免由于过大的相对高差而产生较大的测试误差。为防止漏检桩身混凝土的缺陷，上、下相邻两测点的间距不宜超过 250mm。

2 声时和波幅是声波透射法检测混凝土灌注桩质量中的两个重要指标，其中波幅对混凝土内部缺陷的反应往往比声时更具敏感性。在实际检测中，波幅是一个相对量，而声时又是根据波形的起跳点来确定的。因此，为了使不同位置处的检测数据具有可比性和应用价值，在同一根桩的检测过程中，声波发射电压和放大器增益等参数应恒定，并进行等幅测试。

3 对可疑缺陷的细测有水平加密、等差同步和扇形扫测三种方法。其中水平加密细测是基本方法，而等差同步和扇形扫测主要用于确定缺陷位置和大小，其发、收换能器连线的水平夹角一般为30°~40°。CT技术的应用需要专门的分析软件,故不作强制推行,提倡有条件的检测单位将其作为桩身缺陷定量分析的方法使用。

6.4 检测数据分析与判定

6.4.1 对钢质声测管,波速一般可取5800m/s;20℃时水的声速可取1483m/s。

6.4.2 鉴于目前所用的换能器频带窄和用频率判定桩身混凝土缺陷的方法还不成熟。因此,本规程未将声波频率深度曲线作为桩身混凝土完整性的主要判定指标之一。

6.4.4 目前桩身混凝土缺陷判别主要依据于实测声速、波幅及其随深度的变化曲线及声速判据、波幅判据和PSD判据进行综合分析后得出。

1 声速判据:声速临界值的确定基于概率法,即无缺陷的混凝土声速测值虽因其本身的不均匀性造成一定的离散性,但符合正态分布;由缺陷造成的低声速值异常值不符合正态分布。因此,确定临界值时必须采用正常混凝土的声速平均值及标准差,否则,求得的声速平均值将偏小,易造成漏判。具体技术方法见附录B。同时还应分析考虑声测管间不平行产生的误差影响。

声速是材料的基本物理量之一,它与混凝土强度相关,实测声速应大于或等于声速低限值。声速低限值由同条件混凝土试件做强度和速度对比试验,结合地区经验确定。声速低限值相对应的混凝土强度不宜低于$0.9R$(R为混凝土设计强度),若试件为钻孔芯样,则不宜低于$0.85R$。

2 波幅判据:波幅是相对测试,也曾有人试图用概率统计理论来确定临界值,但由于桩身混凝土内部结构的变异性很大而难以找出较强的波幅统计规律性,因而实际中多是根据实测经验将波幅值的一半定为临界值。

3 PSD判据:PSD法是基于缺陷处声时的变化引起声时深度曲线的斜率明显增大,而声时差的大小又与缺陷程度密切相关,因此两者之积对缺陷的反映更加明显,即

$$PSD = K \cdot \Delta T = \frac{(t_i - t_{i-1})}{\Delta H} \cdot (t_i - t_{i-1}) \tag{6.1}$$

6.4.5 对声速、波幅和PSD值超越临界值异常或突变时,应对缺陷处进行细测。同时结合波形、施工工艺和施工记录等有关资料进行综合分析,以确定桩身混凝土缺陷的位置和程度。当声速普遍低于低限值时,应通过钻孔取芯法检验基桩的混凝土强度。

6.4.6 由于超声波只能检测桩部身分的混凝土质量,对于支承桩或嵌岩桩,宜同时采用低应变反射波法检测桩端的支承情况,确保基桩承载力满足设计要求。